# EL MIEDO TRANQUILO

# EL MIEDO TRANQUILO

Mariano Peyrou

Mar Lozano Reinoso

Edición limitada y numerada de 300 ejemplares

188

Piezas
Azules

COLECCIÓN PIEZAS POÉTICAS

Primera edición, marzo 2024

@Mariano Peyrou, *El miedo tranquilo*.
@Mar Lozano Reinoso, ilustraciones.

**edición:** Patricia Lodín, Piezas Azules, editorial independiente.

**ISBN:** 978-84-125037-7-7

**Depósito legal:** M-2629-2024

**Piezas Azules** llamábamos en nuestro lenguaje a los proyectos locos que se nos ocurrían. Eran proyectos con los que nunca nos haríamos ricos, con los que posiblemente nos hiciéramos más pobres, pero eran tan bonitos que tenían la vocación de no quedarse para siempre en el terreno de los sueños.

La herencia toma múltiples caminos
y conduce a un jardín donde si hubiera
plantas, serían carnívoras; si hubiera flores,
serían artificiales; si hubiera luna, serían
dos, o varias: superficies cromáticas
adecuadas para que se adhiera lo que cada uno trae.

A su vez, uno es tan frágil
que se apodera de lo que lo rodea,
se viste, se protege. El miedo
es sin objeto, miedo a uno mismo,
y brota en el contacto, en la relación. Así,
cuando miramos a alguien a través de un
tubo –siempre: mirar es tubo-, lo que
enfocamos es la idea de completud que emana
de su imagen, todavía, a pesar del estudio
y a causa de la herencia. Esta misteriosa
disponibilidad para la aventura y el drama tal vez haya
tomado un camino semejante.

Las excusas que das para acercarte
proceden de ese mismo jardín, que se encuentra
en una bóveda de piedra poblada por seres
que piensan con las manos. La bóveda rezuma
secretos vegetales y astronómicos, conceptos que se
extienden y no rozan el objeto, o no un único objeto.

Esa gruta está dentro de ti,
la oscuridad, y el farol está fuera.
Ves cómo se proyecta la
sombra de una idea, ves su contorno pero
no su contenido, su dirección y no su
meta, su silueta y no sus rasgos, notas
su peso pero no su calor, entiendes
su función y no su origen: los ecos
son más fuertes que la voz,

parece que alguien habla cuando
no dice nada,
aquí resulta difícil no mantenerse fiel
al propio personaje. Tenía
que ver, hasta ahora, con la escucha prevista,
pero en adelante la noción de cueva será
inseparable de la memoria de los ruidos
que hay dentro. Eso
tal vez sea lo peor,
no la sensación de irrealidad que
queda cuando se advierte que pasó
el momento de haberse arriesgado
un poco más y cada cosa adquiere un significado
que no se modificará nunca o mutará
de forma enloquecedora y hermosa.
Siempre un exceso de interpretación.

Yo no dije eso.

No, pero yo lo escuché.

Ahí no había nada,
sólo un movimiento mecánico,
sin esfuerzo ni emoción, que
reforzaba el sistema de valores
que pretendía combatir. Cada
cosa significa mil cosas que no
sabemos pero empujan, una hilera
de fichas de dominó, heridas
heredadas que no duelen pero modelan
lentamente nuestro cuerpo, señalan
en secreto sus límites.

Cada uno responde por las suyas, las

interroga, las ignora: la sangre

empujando desde hace generaciones, abriendo

las cancelas de las puertas pero la profundidad

de los abismos. Entonces es,

al fin, la alegría del miedo,

la ataraxia, el destino bifurcándose una

vez, otra vez, en la mente

que ahora es abismo y elevación. En

la penumbra me encuentro con

alguien. Soy yo mismo dentro
de veinte años o hace cien. Me lleva,
me acaricia, me somete. Es un corte
dulcísimo. Es el abandono. Al fin
y al cabo, el placer más primario
es el del movimiento y consiste en convivir
con el miedo a la posibilidad de detenerse.

Del columpio al astronauta, todo
se juega ahí; desde sentarse
en la hierba a esperar a que pasen
pájaros con alas blancas para medir,
de algún modo, el tiempo íntimo,
el pulso de las sensaciones,
hasta los juegos de azar como el
arte o el amor, todo está ahí volcado.
Es una sensación: la de mi
inteligencia, la de sus límites.
La luna es una parte de
mi cuerpo, cada planeta es una
forma de castración.

Lo no pensable nos atrae y aterra,
tiene fin. En cambio, lo pensable es
infinito, se descubre el mal que progresa
en uno mismo, dentro, tan pronto,
formando un imprevisible ecosistema,
la rana sobre el nenúfar,
o las alas, cuya función original
no tenía nada que ver con el vuelo
sino con el equilibrio térmico:
la gramática de la evolución.
Y esto también es proceso
y la decisión primera será apostar
por la fuerza o por la agilidad,
o cuestionar la tendencia a la apuesta.

Inteligencia y límites llegan para
hacernos regresar, cargados de
impurezas, junto a los
antepasados, y construir con ellos
peligros imaginarios que me atraviesan
y dan forma y energía, prohibiciones
en las que reflejarme,
algo que pueda reconocer y transgredir,
un idioma, otros gestos.

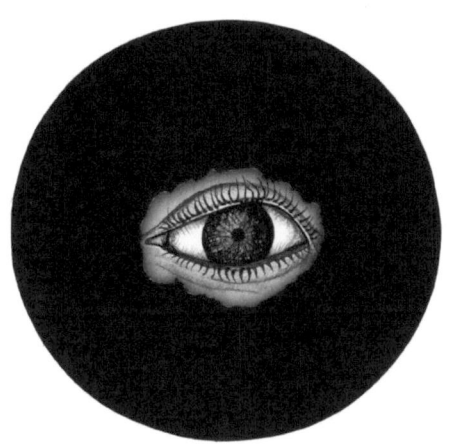